L 27
ͫ
20321
A

L 27/7 n. 20321.   (Par M. Gàdda)
A.

ESQUISSE BIOGRAPHIQUE

SUR

J.-M.-B. VIANEY

CURÉ D'ARS

NÉ A DARDILLY (RHÔNE), LE 8 MAI 1786,
MORT LE 4 AOUT 1859.

LYON
IMPRIMERIE DE B. BOURSY,
Rue Mercière, 92.

—

M DCCC LXI

ESQUISSE BIOGRAPHIQUE
SUR LE CURÉ VIANEY.

I.

Le village d'Ars, dont le nom, ignoré il y a trente ans, est devenu aujourd'hui si célèbre, se trouve sur la rive gauche de la Saône, à 9 kilomètres de Trévoux (Ain), à 7 de Villefranche (Rhône), et à environ 34 ou 35 de Lyon. C'est dans ce modeste village, qui ne renferme guère plus de 350 à 400 habitants, et dont les environs, quoique assez pittoresques, n'ont d'ailleurs rien de remarquable, si ce n'est le vieux château d'Ars dont on aperçoit encore la tour surmontée de créneaux, débris de l'époque féodale, que depuis vingt-cinq années on voit affluer tous les jours une multitude de pélerins, accourus des contrées les plus lointaines et réunis par le même but pieux.

C'est dans ce petit coin de terre, perdu au milieu des plaines de la Dombes, qu'a vécu plus de quarante ans un homme dont la réputation avait grandi au point de devenir unique dans le monde; un homme au dehors simple, mais à la parole douce et persuasive, à la charité vaste et tendre; un homme qui fit revivre à notre époque le type depuis longtemps disparu de ces *saints* dont nous lisons l'histoire dans les légendes; un homme en qui l'on admirait l'assemblage des vertus les plus héroïques et les plus modestes, des mœurs les plus douces en même temps que les plus austères; un homme enfin qui résumait en lui tout ce que l'on trouve de plus sublime et de plus merveilleux dans la vie des thaumaturges, de plus parfait dans la vie des Pères du désert! Cet homme, sur lequel se fixaient les regards de la catholicité entière; ce prêtre, si grand de l'esprit de Dieu, et que l'on ne nommait plus que le *bon père;* ce vénérable pasteur, dont la voix savait consoler et verser un baume divin sur toutes les souffrances, il n'est plus!...

Celui dont la vie entière ne fut que charité, prière, humilité, dévoûment, abnégation et sacrifice, est allé recevoir au ciel la couronne réservée aux bienheureux! Mais son souvenir restera éternellement cher aux populations parmi lesquelles sa mort a répandu le deuil et jeté la consternation.

Qui pourrait énumérer les bienfaits innombrables de cet apôtre de Jésus-Christ? Pauvres secourus, malades guéris, malheureux consolés, consciences rétablies dans la paix, âmes replacées sur la voie du Ciel; que de touchants détails, que de merveilleux épisodes on trouverait dans chaque jour, dans chaque heure de l'existence de celui qui a reçu de la reconnaissance publique une véritable canonisation anticipée! Quelle plus belle oraison funèbre pour le saint pasteur que ces bruits de la foule, que ces cris de douleur, ces soupirs et ces gémissements qui éclatèrent autour de son cercueil?...

Il n'entre pas dans notre pensée de suivre M. le Curé d'Ars à chaque pas de la route qu'il a suivie ici-bas; une semblable tâche serait trop longue et nos forces seraient insuffisantes à l'accomplir. Nous voulons seulement esquisser quelques traits de cette vie admirable, et payer à une mémoire si vénérée un juste tribut de cette admiration à laquelle elle a tant de droits!

II.

Jean-Marie-Baptiste Vianey naquit le 8 mai 1786, au village de Dardilly, près Lyon. Il était le troisième enfant de Mathieu Vianey et de Marie Beluze. Ses parents jouissaient de cette honnête aisance qui n'est ni la richesse ni la pauvreté, mais ils possédaient le plus précieux des trésors, la vertu qui donne le vrai bonheur ; ils étaient environnés de l'estime générale ; on citait partout leur bienfaisance et leur piété. Jean-Marie-Baptiste, entouré des meilleurs exemples, les mit de bonne heure à profit. Dès sa plus tendre enfance, il montra un vif attrait pour la prière et le recueillement, un grand penchant à la charité et une excessive dévotion à la Sainte Vierge.

Sur ses instances, et d'après la vocation décidée qu'il manifestait pour l'état ecclésiastique, ses parents confièrent le soin de son éducation à M. Balley, ancien chartreux, qui, pendant la Terreur, avait trouvé asile dans la famille Vianey, et qui fut appelé à la cure d'Écully après le rétablissement du culte et la promulgation du concordat. Les leçons et les conseils de ce digne maître développèrent bientôt les heureux germes que la nature avait jetés dans le cœur de l'élève, et Jean-Marie-Baptiste Vianey reçut à cette école des empreintes qui ne s'effacèrent jamais ; il y puisa ces trésors de vertu et de science qui firent de lui plus tard le directeur éclairé de tant de fidèles et le modèle des pasteurs.

Un incident, sur lequel on n'est pas bien renseigné, faillit briser la carrière à laquelle le jeune clerc Vianey semblait si évidemment prédestiné. Il avait atteint l'âge de la conscription et l'armée le réclamait. Le service militaire lui souriant très-peu, comme on le pense bien, ses parents et ses amis firent tous leurs efforts pour l'en affranchir. Aussi, après une maladie assez dangereuse qui le retint à l'hôpital de Lyon, il passa quelques mois en qualité d'instituteur, soit à Roanne (Loire), soit dans d'autres localités du même département. Plus tard enfin, pour acquitter sa dette envers l'Etat, un de ses frères le remplaça au service et fut tué pendant la désastreuse campagne de Russie.

Ce fut au petit séminaire de Verrières que Jean-Marie-Baptiste Vianey reprit ses études et fit sa philosophie. Mgr Claude Simon, évêque de Grenoble, lui donna la tonsure au mois de mai 1811 ; il reçut le diaconat au mois de juin 1816, et la prêtrise en août suivant.

Nommé vicaire à Ecully, il partagea quelque temps les travaux apostoliques de M. Balley, son ancien professeur, qui était, comme nous l'avons dit, curé de cette paroisse. Mais la mort vint bientôt lui ravir ce vertueux ecclésiastique qu'il affectionnait comme un second père, et à la mémoire duquel il voua toute sa vie un culte de vénération, un pieux souvenir. Appelé à la cure d'Ars, il en prit possession au mois de février 1818. Lorsqu'il arriva dans cette commune, les danses, les réunions mondaines, en un mot, tous ces divertissements qui ont pour résultat ordinaire d'éloigner ceux qui les fréquentent des pratiques de la piété, étaient en grande faveur à Ars. Voulant extirper le mal dans sa racine, le nouveau curé commença par indemniser de sa bourse les entrepreneurs de ces amusements profanes, pour les déterminer à fermer leurs établissements. Puis, par de sages conseils et des exhortations douces et paternelles, il réussit à détourner ses paroissiens de ces plaisirs frivoles et pernicieux qui exercent souvent d'irrésistibles séductions.

Son but a été atteint; Ars est devenu en quelques années ce que nous le voyons aujourd'hui, une paroisse modèle, où le saint jour du dimanche est célébré comme il doit l'être, par la cessation de tout travail, l'assistance aux offices, et l'absence de toutes fêtes, danses ou autres réunions de ce genre ; où les habitants observent l'abstinence les jours où elle est prescrite par l'Église, s'approchent tous de la table sainte aux fêtes de Pâques, et mènent une vie régulière et chrétienne ; où, enfin, la religion est pratiquée plus scrupuleusement que partout ailleurs.

En arrivant à Ars, M. Vianey trouva l'église paroissiale dégradée et dans le plus grand dénûment ; le maître-autel était en bois ; l'autel de la Ste-Vierge était entièrement privé d'ornements. Il acheta de ses propres deniers un nouveau maître-autel et travailla de ses mains à décorer les bancs du chœur. En peu de temps, cette église, naguère si pauvre et si nue, changea d'aspect et fut richement ornée. M. le comte d'Ars, propriétaire du vieux manoir seigneurial qui porte ce nom, ayant appris à Paris, où il résidait habituellement, les soins que le nouveau curé prenait de l'embellissement de son église, vint à Ars et alla faire visite au pasteur. M. le comte d'Ars était lui-même très-pieux ; frappé de l'air de sainteté empreint sur les traits du digne et vertueux prêtre, il pria celui-ci de lui donner une part dans ses prières et de vouloir bien l'associer à ses bonnes œuvres. De retour à Paris, il envoya à M. le curé d'Ars de beaux ornements pour l'église : garnitures d'autel, chandeliers, reliquaires, chasubles, encensoirs, bannières, etc., etc. Parmi ces magnifiques dons, figurait encore un superbe dais, qui se trouva de trop vaste dimension pour pouvoir passer par la grande porte de l'église. Informé de cette circonstance, M. le comte d'Ars donna 6,000 fr. pour l'agrandissement de cette porte et pour les travaux nécessaires à la restauration de la façade de l'édifice.

La renommée ne tarda pas de publier que la petite paroisse d'Ars possédait de très-beaux ornements d'église. Bien des curieux furent attirés par le désir de voir ces richesses ; mais bientôt ce motif frivole cessa d'être le seul qui amenât les étrangers à Ars. On a souvent dit, et avec raison, que la puissance des saints provenait de leur simplicité. Rien n'est plus vrai, si l'on en juge par l'entraînement irrésistible que le saint pasteur d'Ars exerçait sur tous ceux qui avaient le bonheur de l'approcher. Combien cette admirable simplicité prêtait de grâce à toutes ses œuvres! Qu'elle donnait d'onction et d'éloquence à sa parole merveilleusement sympathique! Comme on se sentait touché à l'aspect de ce vénérable apôtre! Il semblait qu'autour de lui se répandit une sorte de parfum céleste qui repoussait le mal et produisait le bien.

Voilà ce qui explique pourquoi les visiteurs attirés primitivement à Ars par un simple motif de curiosité, c'est-à-dire pour admirer les riches ornements dont la petite église de cette paroisse avait été dotée par les libéralités de diverses personnes pieuses, y furent ensuite ramenés par un vif désir, ou plutôt un impérieux besoin de revoir et d'entendre le bon curé. Voilà comment la réputation du saint prêtre grandit peu à peu. Voilà comment les pèlerinages à Ars, entrepris d'abord par quelques personnes seulement, arrivèrent à se multiplier dans des proportions telles que de jour en jour on vit s'augmenter la foule des pèlerins.

Dès la première année qu'il administra la cure d'Ars, M. Vianey fit choix de trois jeunes filles de la commune, qu'il plaça dans un couvent pour les y faire instruire. En même temps, il acheta une maison avec le dessein d'y établir une *Providence*. Puis, lorsque les trois jeunes filles eurent acquis une instruction suffisante, il les installa dans le local destiné d'avance à les recevoir, et les chargea d'instruire à leur tour un certain nombre de jeunes filles pauvres. Cette institution ne devait être que le prélude des pieuses fondations du saint homme. Outre les soins et les enseignements qu'il faisait donner aux enfants par les Sœurs de la Providence, M. le curé d'Ars nourrissait, logeait et entretenait un grand nombre d'enfants des deux sexes, appartenant à des familles indigentes.

Chaque jour, à midi, M. le curé se rendait à sa Providence pour y faire le catéchisme ; mais ses instructions n'étaient pas données seulement à des enfants. Les pèlerins qui se trouvaient à Ars venaient écouter le catéchisme. Puis, un moment arriva où le nombre toujours croissant des auditeurs devint trop considérable pour trouver place dans le local de la maison de la Providence ; M. le curé se vit alors obligé de faire le catéchisme dans son église ; et il le faisait chaque jour, à onze heures du matin. Nous avons dit tout-à-l'heure que la fondation de la Providence n'avait été que le prélude des charitables institutions dues à M. Vianey. Plus tard, et lorsque ses ressources le lui ont permis, il a fait des fondations plus importantes, et c'est ainsi qu'il a installé successivement à Ars des Frères de la Sainte-Famille et des Sœurs de l'ordre de Saint-Joseph. De telle sorte que, par les sages précautions qu'a prises le saint curé, il y aura toujours à Ars des Frères et des Sœurs de ces deux ordres religieux ; et que, grâce à sa prévoyante charité, les enfants pauvres de cette commune seront à tout jamais dotés des bienfaits d'une éducation chrétienne.

III.

Dans le presbytère d'Ars, lorsque M. Vianey en prit possession, il y avait plusieurs chambres bien tapissées, un salon, une salle à manger, une cuisine, en un mot un appartement complet et bien agencé. Le jardin de la cure était vaste, rempli de fleurs et d'arbres fruitiers. Ce beau jardin a été métamorphosé par le saint homme, au profit des pauvres, en un champ où l'on récolte tour-à-tour du blé ou des pommes de terre. Dans la cour du presbytère, les herbes parasites, les orties et les ronces croissent en toute liberté. Au fond de cette cour et au milieu des herbes on voit une belle statue de la Sainte-Vierge, couronnée de guirlandes et entourée de quelques fleurs. La cuisine, dont jamais le foyer ne vit une étincelle de feu depuis que le prêtre anachorète vint habiter la maison, est dans un délabrement et un dénûment complet. Les tapisseries ont subi les ravages du temps et de l'humidité ; aussi l'on remarque dans les chambres la même nudité et le même délabrement que dans la cuisine. Le salon est devenu un bûcher. Une seule pièce est un peu moins dépourvue de meubles que les autres ; c'est celle où couchait M. le curé. Mais là encore on trouve à peine le strict nécessaire : une vieille commode, deux chaises de campagne, un seul fauteuil provenant du prédécesseur de M. Vianey, une bibliothèque donnée au saint homme, et où figurent les Pères de l'Eglise, une table de sapin couverte d'images, de papiers et de lettres venant de tous les pays, même les plus lointains ; une branche de buis avec une couronne d'immortelles, quelques tableaux et portraits de saints, parmi lesquels on remarque un très-beau saint Jean-Baptiste, patron de M. Vianey ; voilà de quoi se compose le mobilier de cette chambre. N'oublions cependant pas dans cet inventaire un reliquaire ayant pour ornement un Enfant-Jésus et un crucifix devant lequel s'agenouillait l'homme de Dieu ; un assez joli bois de lit à bateau, qui lui a été donné par un des habitants d'Ars ; voici à quelle occasion :

Il y a quelques années, sur les deux ou trois heures du matin, pendant que M. le curé était à l'église, le feu se mit à la méchante couchette de planches qui lui servait alors de lit. On n'a jamais pu comprendre comment le feu avait pris à ces planches, ni comment il se fit que le lit seul fût brûlé. Lorsque M. le curé fut instruit de ce qui venait d'arriver, il répondit : « que le démon ne pouvant brûler l'oiseau avait voulu brûler la cage. »

Ce fut alors qu'on apporta à M. le curé un joli lit à bateau, garni de son garde-paille et de ses matelas, mais il ne voulut accepter que le bois de lit. La paillasse sur laquelle il couchait n'avait guère plus de 60 centimètres d'épaisseur. Deux petits rideaux entouraient ce lit où le saint homme ne reposait pas plus de deux à trois heures chaque nuit. Voyons au surplus, heure par heure, l'emploi de tous les instants de la journée du bon prêtre.

En été, il se levait à une heure du matin, en hiver à deux ou trois heures; il se rendait de suite à l'église où l'attendaient déjà une multitude de pèlerins. Après s'être agenouillé et avoir prié un moment au pied du maitre-autel, il allait à la chapelle Saint-Jean et y disait la prière du matin; puis, il entrait au confessionnal où il entendait les femmes jusqu'à sept heures du matin. A ce moment il célébrait le saint sacrifice de la Messe, bénissait les objets de dévotion qui lui étaient présentés, passait ensuite à la sacristie où il apposait sa signature sur les livres et les gravures destinés à la vente; rentrait au confessionnal et entendait les hommes jusqu'à dix heures. A onze heures il faisait le catéchisme Pour cette instruction, il montait dans une sorte de chaire, ou plutôt de stalle, d'où il adressait à la foule rassemblée pour l'entendre des enseignements simples, entièrement dénués de ces recherches de langage qui constituent l'éloquence humaine; se bornant à commenter, en la suivant, la lettre du catéchisme, de même que lorsqu'on ne s'adresse qu'à un auditoire d'enfants. A midi, il sortait de l'église pour aller visiter les malades; des Frères de la Sainte-Famille et des missionnaires l'accompagnaient dans ces pieuses excursions. Mais, au moment de sa sortie, tous les pèlerins se mettaient à sa poursuite dans l'espérance de pouvoir s'approcher de lui; le nombre de ceux qui l'environnaient étaient parfois si grand qu'il était obligé de jeter à pleines mains les médailles au milieu de cette foule compacte, afin de profiter, pour se faire passage, de l'empressement que les pélerins mettaient à ramasser ces objets de dévotion. C'était un spectacle vraiment admirable que de voir les témoignages de vénération que l'on prodiguait au *bon Père*. Ceux-ci voulaient avoir de ses cheveux; ceux-là coupaient des morceaux de sa soutane; d'autres se couchaient à terre pour baiser la place où son pied s'était empreint.

Rentré à la cure à midi et demi pour prendre un modeste repas, il en ressortait bientôt pour aller visiter les Sœurs, puis les missionnaires; de là il retournait à l'église, confessait les femmes jusqu'à cinq heures, puis il rentrait dans la sacristie où il entendait les hommes jusqu'à huit ou neuf heures; montait ensuite en chaire, où il disait la prière du soir; alors seulement il rentrait à la cure avec les Frères et les missionnaires. Ainsi sa journée de travail se composait de plus de vingt heures, sur lesquelles il prenait le temps de sa messe, de son office et de ses repas.

Ses repas ! ils se composaient le plus souvent d'un peu de pain et de quelques gouttes de lait. Encore n'avait-il ajouté ce lait à sa chétive nourriture que sur les ordres formels de son supérieur, Mgr l'évêque de Belley. Auparavant, il ne buvait que de l'eau. Jamais M. le curé d'Ars n'eut de domestique et ne tint de ménage, ne s'occupant jamais de ses besoins personnels, pas plus pour la nourriture que pour le vêtement. Il vivait de ce que de pieuses filles lui donnaient et qu'il était heureux de recevoir d'elles.

Une personne chargée de pourvoir à ses besoins a dit qu'il était impossible de s'imaginer le peu qu'il mangeait; il ne consommait pas un demi-kilogramme de pain par semaine; très-rarement il mangeait de la viande et n'en acceptait jamais deux jours consécutifs.

C'est au milieu de notre civilisation moderne, c'est

aux portes de la bruyante cité de Lyon, que, pendant près d'un demi-siècle, M. le curé d'Ars a mené la vie d'un anachorète de la Thébaïde, offrant ainsi au monde un spectacle auquel depuis longtemps les hommes ne sont plus habitués ; forçant par une preuve vivante les plus sceptiques à reconnaître pour vrai ce qui est écrit dans la vie des bienheureux et des Pères de l'Eglise.

Le célèbre père Lacordaire disait, il y a déjà plusieurs années, dans une de ses premières conférences de Notre-Dame de Paris : « Des saints, ô mon Dieu ! donnez-nous des saints ! Il y a si longtemps que nous n'en avons vus. Nous en avions tant autrefois !.... » Eh bien ! M. le curé d'Ars était la réponse à cette ardente aspiration de l'illustre dominicain. Tous ceux qui doutaient de sa sainteté en arrivant à Ars, s'en retournaient pleinement édifiés et convaincus !

IV.

L'église d'Ars est sous le vocable de saint Sixte. Rempli de confiance en la Vierge Marie et de dévotion au culte de cette puissante protectrice, M. le curé d'Ars témoignait aussi une grande confiance en l'intercession de la bienheureuse sainte Philomène, qu'il appelait *sa chère petite Sainte*. Il lui attribuait toutes les guérisons extraordinaires qui s'opéraient à Ars, et le nombre en était considérable. Aussi, se plaignait-il parfois que sainte Philomène multipliât trop ces cures merveilleuses. Il aurait préféré, disait-il, qu'elle ne fît pas ses miracles à Ars, et qu'elle guérît les malades, soit chez eux après leur retour du pèlerinage à Ars, soit pendant le trajet de ce lieu à celui de leur habitation, parce que, disait-il, les guérisons étant opérées à Ars même produisaient trop de sensation, trop de retentissement, et que cela lui amenait trop de monde. Un jour même qu'une mère avait apporté sur ses bras son enfant malade, et qui s'en était allé parfaitement guéri, « sainte Philomène, dit le bon prêtre, aurait bien dû guérir ce petit chez lui. »

C'est que le saint prêtre craignait de passer pour un homme à miracles, et s'effrayait presque de voir sa réputation grandir et s'accroître de jour en jour.

On raconte qu'il y a trente ans environ, M. le curé d'Ars, travaillant avec ardeur à la conversion de ses paroissiens, leur dit un jour en chaire : « Mes frères, » vous ne profitez pas des grâces que Dieu vous envoie, » mais un jour viendra où des étrangers accourus de » toutes les parties du monde profiteront de ces grâces, » de ces moyens de salut que vous refusez aujourd'hui. »

Cette prédiction ne tarda pas à se réaliser. Déjà depuis plus de vingt-cinq ans on avait organisé, à l'usage des pélerins, un service de voitures publiques qui se rendaient de Lyon à Ars. L'affluence était telle que huit ou dix grandes voitures partant chaque jour ne suffisaient plus au nombre toujours croissant des voyageurs. Aussi l'administration s'était occupée de ce concours extraordinaire, et l'on avait transformé en grandes routes des voies de communication qui, jusqu'alors négligées, étaient presque impraticables. Pendant ces dernières années, la Compagnie du chemin de fer de Lyon crut devoir s'occuper aussi des pélerins d'Ars, et leur offrir des conditions particulières pour le voyage. Il a été établi par des calculs aussi exacts que possible, que, dans la seule année 1858, il était venu à Ars plus de 100,000 étrangers, par les omnibus qui font le trajet de cette localité à la gare de Villefranche, ou aux rives de la Saône. Il est vrai que tous ceux qui entreprenaient ce pélerinage ne se présentaient pas au confessionnal ; mais tous voulaient voir *le Saint*, tous désiraient pouvoir l'approcher et l'entendre ; et tous ceux qui venaient pour la première fois se promettaient de revenir, tant l'impression qu'ils avaient reçue était au-dessus de tout ce que la renommée du bon curé avait pu leur faire pressentir. Parmi ces pèlerins accourus de toutes parts, on trouvait bon nombre de personnages éminents et occupant dans le monde une haute position spéciale ; on pourrait citer des hommes de talent, des magistrats, des officiers supérieurs, dont quelques-uns ont fait plusieurs centaines de lieues pour voir ce curé de village, cet homme d'un extérieur si simple, ce véritable anachorète, type de dévoûment et d'humilité !

Un prélat anglais, Mgr l'évêque de Birmingham, qui, en 1854, vint à Ars visiter M. l'abbé Vianey, dit, en racontant quelques particularités de son voyage et de son entrevue avec lui, qu'il n'oublierait jamais ce qu'il éprouva à l'aspect de ce bon prêtre, de cette figure pâle et macérée, de ce corps épuisé par les veilles et les mortifications, mais qui semblait animé d'un souffle divin.

Il est impossible, ajoute le prélat, de peindre l'étonnante vigueur d'esprit que l'on trouve sous une enveloppe si frêle, sous une apparence si débile, à tel point qu'en entendant parler le saint homme, on aurait pu croire entendre la voix d'un ange sortir d'un corps à l'agonie.

Le célèbre père Lacordaire est l'un des visiteurs dont la présence a causé la plus grande sensation à Ars. Cédant aux vives instances de M. le curé, le célèbre prédicateur consentit à faire entendre aux fidèles réunis dans l'église pour l'office des vêpres, cette parole éloquente qui si souvent a rempli les cathédrales d'une foule immense d'auditeurs. Le père Lacordaire, dans une de ses brillantes improvisations qui lui sont familières, après avoir payé un juste tribut d'éloges au saint pasteur d'Ars, parla de cette charité sur laquelle repose le lien de fraternité et de solidarité qui unit entre eux les membres de la grande famille chrétienne.

Après les vêpres, M. le curé accompagna jusqu'à peu de distance du château d'Ars l'illustre dominicain, qui devait y passer la nuit. Au moment de se quitter, tous deux se demandèrent réciproquement leur bénédiction. Comprenant toutefois, après un instant d'hésitation, que la priorité lui était dévolue par l'âge, M. le curé d'Ars mit un terme à cette lutte d'humilité en bénissant le père Lacordaire qui lui baisa la main avec toutes les marques de la plus haute vénération.

Ils se séparèrent ensuite, l'un pour paraître le lendemain avec éclat dans la chaire d'une métropole ; l'autre, pour aller reprendre sa place au confessionnal où l'attendait une foule avide de ses pieuses exhortations.

On raconte au sujet de cette visite du père Lacordaire, que M. le curé d'Ars, à la prière du soir, dit aux fidèles : « Mes frères, on dit que les extrêmes se touchent ; vous « en avez eu la preuve aujourd'hui, en voyant réunies dans » cette église l'extrême science et l'extrême ignorance. » Certes, l'humilité du saint homme se peint admirablement tout entière dans ces paroles dites pour atténuer les éloges que lui avait donnés le grand orateur. Mais, était-il un ignorant, celui qui, selon le témoignage du père Lacordaire, de Mgr l'évêque de Birmingham et de tant d'autres personnages éminents, s'exprimait avec tant d'onction et trouvait des accents pleins d'une chaleureuse sensibilité, lorsqu'il parlait de l'amour de Dieu et de son inépuisable bonté ?

V.

Ce modèle de dévoûment, d'abnégation et d'humilité, cet homme qui a plus béni peut-être dans sa vie qu'aucun autre prêtre, manifesta souvent son appréhension de *paraître au tribunal de Dieu avec sa pauvre vie de curé !*... Et pourtant son zèle pour le salut des âmes était si ardent et si sincère qu'il se serait estimé heureux, disait-il, que Dieu le laissât longtemps encore sur la terre pour travailler à la conversion des pécheurs. — Mais, lui objectait-on, les saints goûtent un si grand bonheur au ciel, ils ne sont plus sujets aux tentations, ils sont à l'abri de toutes les misères. — Oui, cela est vrai, répondit-il, mais les saints sont des *rentiers*. A coup sûr, ils ont travaillé et bien mérité leur récompense ; mais ils ne peuvent plus glorifier le Seigneur par des sacrifices faits dans le but de sauver des âmes.

C'est à la crainte de n'avoir pas fait assez pour le service de Dieu qu'il faut attribuer la pensée qui vint souvent au bon curé, de s'enfuir dans une solitude quelconque, de se retirer soit à la Trappe, soit à la Grande-Chartreuse, afin, disait-il, « *d'y pleurer sa pauvre vie et d'obtenir miséricorde;* » et c'est sous l'empire de cette idée qu'il essaya deux fois de quitter sa paroisse pour réaliser son projet de retraite. Mais deux fois l'exécution de ce dessein fut empêchée par des circonstances qui méritent d'être mentionnées.

En 1844, M. le curé d'Ars vit la désunion se glisser dans sa paroisse, par suite des altercations et des querelles qui survenaient fréquemment entre les entrepreneurs de services de voitures ; car chacun d'eux voulant accaparer le plus de voyageurs possible, recourait pour avoir l'avantage sur ses concurrents, à des moyens qui n'étaient pas toujours exempts de ruse et de déloyauté. Il pensa que, s'il était une fois parti, les rivalités n'ayant plus de raison d'être, disparaîtraient, et avec elles les funestes conséquences qu'elles entraînaient à leur suite.

En effet, dès qu'il eut quitté Ars, les voituriers n'eurent plus de voyageurs à se disputer les uns aux autres, car les pèlerinages cessèrent, et tant que l'absence de M. Vianey se prolongea, le village si fréquenté naguère par les étrangers, et offrant un aspect si animé, ne présenta plus que l'image du désert. Comprenant alors l'immensité de la perte qu'ils avaient faite, les habitants d'Ars députèrent quelques-uns d'entre eux à leur saint pasteur, pour le supplier de revenir, sous la promesse d'éviter de-

— 18 —

sormais avec le plus grand soin tout ce qui pourrait lui causer des sujets de chagrin et de déplaisir.

Cédant à leurs instances, le bon curé reprit le chemin de sa paroisse, où, dès qu'il eut mis le pied, les cloches sonnèrent à grande volée, tandis que tous les habitants accourus à sa rencontre s'agenouillèrent sur son passage pour recevoir sa bénédiction.

M. Vianey reprit aussitôt ses habitudes, c'est-à-dire qu'il se remit à passer ses journées au confessionnal; car dès que le bruit de son retour se fut répandu, les pèlerins revinrent à Ars avec le même empressement que par le passé.

Dans une autre circonstance, M. Vianey avait également pris la résolution de quitter Ars; mais les Frères de la Sainte-Famille soupçonnèrent son dessein, et veillèrent autour de la cure. Un peu après minuit, ils le virent sortir n'emportant que son bréviaire et un petit paquet de linge sous le bras. Les Frères firent tous leurs efforts pour obtenir de lui qu'il renonçât à son projet; leurs prières furent inutiles. Alors, on se détermine à le suivre de loin, et en même temps on fait sonner les cloches. Les habitants, réveillés en sursaut, croient à un incendie et accourent en foule. En arrivant à l'église, ils apprennent que M. le curé vient de partir; aussitôt on court après lui et on le rejoint près de la rivière. La nuit étant très-sombre, il s'était trompé de chemin et revenait sur ses pas. Un des missionnaires qui l'avait suivi de loin se jette alors à ses pieds, et le conjure de ne pas effectuer sa résolution, de renoncer à son projet de quitter le pays.

Les prières de tous les habitants se joignent à celles du missionnaire; enfin, à force de sollicitations et d'instances, on parvient à le ramener dans sa paroisse.

Depuis lors, M. le curé d'Ars parut avoir complètement renoncé à s'éloigner de sa paroisse; si la pensée de fuir revint encore vaguement l'assiéger, il la repoussa, la considérant comme une tentation de l'esprit du mal.

Et ce n'est pas seulement en lui suggérant une idée semblable, que l'ennemi du genre humain a exercé ses persécutions contre le curé d'Ars ; le saint prêtre a souvent parlé à son catéchisme des assauts multipliés que lui livraient les puissances infernales et des luttes incessantes qu'il avait à soutenir contre elles. Nous nous abstiendrions toutefois de relater ici ce que beaucoup de personnes ont raconté au sujet des bruits extraordinaires que l'on entendait la nuit au presbytère et dans la chambre de M. le curé. Nous croyons devoir nous borner à mentionner ce qu'il a lui-même dit plus d'une fois en public, des attaques et des persécutions auxquelles il était en butte presque constamment.

VI.

L'oubli de ses propres besoins pour ne songer qu'à ceux des autres, voilà ce que fit voir pendant toute sa vie ce saint Martin de notre époque. Entre autres exemples de cette abnégation sublime, voici un fait des plus concluants :

Depuis longtemps, on le pressait de remplacer la seule soutane qu'il possédât et qui était entièrement usée. Il se décida enfin à s'en procurer une neuve ; il avait mis à part l'argent nécessaire. Mais voilà qu'en se rendant à la ville pour faire cette emplète, il trouve en son chemin un pauvre infirme qui lui demande l'aumône ; aussitôt le bon prêtre verse dans les mains de l'indigent tout l'argent qu'il avait sur lui, c'est-à-dire environ 40 francs. Quant à son vêtement, il n'y pensait plus, et aurait gardé bien longtemps encore sa vieille soutane trouée et presque en lambeaux, si les pieuses Sœurs n'eussent pris le soin de lui en procurer une autre.

M. le curé d'Ars recevait beaucoup de dons, mais qui ne faisaient que passer par ses mains. Tout ce qu'il recevait de la libéralité des personnes riches charitables était immédiatement consacré à soulager des infortunes, ou employé à de pieuses fondations. Que de fois la Providence s'est servie de voies mystérieuses pour permettre au bon prêtre de venir en aide à ceux qui s'étaient adressés à lui ! On pourrait citer une foule de circonstances semblables : nous nous bornerons aux deux faits que voici.

Une église était en voie de construction, mais les fonds manquaient pour continuer les travaux. On s'adressa au curé d'Ars; il répondit qu'il ferait une neuvaine à sainte Philomène. La neuvaine finie, on trouva 10,000 fr. dans le tronc de l'église d'Ars; et, grâce à ce secours vraiment providentiel, l'église put être achevée.

Une autre fois, il avait reçu la visite d'un prêtre des environs de Valence (Drôme), qui venait le solliciter pour une œuvre de charité : « Je n'ai rien en ce moment, » mon ami, répondit M. le curé d'Ars, mais tout ce qui » me viendra cette semaine sera pour vous. » La semaine était déjà très-avancée et le pauvre prêtre était reparti un peu découragé, projetant sans doute de s'adresser ailleurs. Mais que l'on se figure sa surprise, lorsque à peine de retour dans sa paroisse il recevait de M. le curé d'Ars une lettre annonçant un don de 6,000 fr., et avec cette somme un calice et un ostensoir.

Quelques jours plus tard, M. le vicaire d'Ars remettait la somme et les vases saints entre les mains de M. l'archiprêtre du canton de Buis. Ce don, d'où provenait-il? On ne l'a jamais su, mais le fait ne saurait être contesté.

Parmi les fondations pieuses et utiles dues à M. Vianey, il convient de mentionner plus spécialement *l'OEuvre de l'évangélisation des paroisses pauvres.* Lorsqu'il avait réalisé une somme de 2,200 francs, il la faisait remettre à Mgr l'évêque de Belley, afin qu'à l'aide de cette mise de fonds on trouvât les ressources nécessaires pour défrayer, tous les dix ans, une mission dans une des paroisses pauvres du diocèse. C'est par ce moyen que le digne émule de saint Vincent-de-Paul a réussi à assurer à plus de quarante paroisses l'aumône de la divine parole.

Sa préoccupation incessante était de pourvoir aux besoins tant corporels que spirituels des pauvres ; et ce soin pieux explique aisément pourquoi les libéralités qui étaient si fréquemment déposées entre ses mains n'ont pas été employées à remplacer par un édifice plus convenable la pauvre église paroissiale d'Ars, dont la construction est vicieuse et l'entretien fort négligé.

M. Vianey a fait encore diverses autres fondations : pour la bonne mort, pour la propagation de la foi, pour l'entretien de missionnaires dans le diocèse. Afin de les rendre stables et permanentes, il a placé en rentes sur l'Etat des capitaux assez considérables; mais les revenus de ces placements ne servaient qu'à accroître les bonnes œuvres du saint qui, se considérant comme le chargé d'affaires des pauvres, leur tenait compte de ces rentes jusqu'à un denier, et ne gardait pas pour lui-même la plus légère somme, trouvant toujours dans son ingénieuse charité quelque infortune à soulager. On peut dire qu'il se dépouillait pour les pauvres, tandis que, dans l'ardeur de son amour pour eux, il se montrait presque avide des biens de la terre, afin de pouvoir donner davantage. Le jour même où il reçut son camail de chanoine, il en fit l'objet d'une spéculation et le vendit au prix de cinquante francs.

Sa Majesté l'Empereur envoya en juillet 1858 la croix de la Légion-d'Honneur à M. le curé d'Ars. Lorsque la boîte qui renfermait le glorieux insigne, cachetée du sceau impérial, fut remise à M. Vianey, il s'empressa d'en faire l'ouverture, s'attendant à y trouver des reliques de saints ; mais à la vue de l'étoile de l'honneur, il demeura confus et silencieux, puis protestant de son indignité, il refusa de s'en parer, ne voulant pas, dit-il, porter une décoration qui était une récompense bien mieux méritée par d'autres que par lui.

VII.

Le caractère de confesseur était le principal titre de M. le curé d'Ars à l'empressement des pélerins ; il avait sans doute bien d'autres droits à la vénération dont il était entouré, à l'admiration universelle qu'il excitait ; mais c'était surtout au confesseur que voulait avoir affaire cette multitude qui accourait chaque jour à Ars de toutes les contrées environnantes dans un rayon de 25 à 30 lieues. On sait que des pélerins venaient à Ars de tous les points de la France, et même des pays étrangers. Tous ceux qui arrivaient à Ars pour la première fois y assistaient à un spectacle dont ils n'avaient pu se former une idée. Au terme de leur voyage, ils trouvaient un pauvre hameau, dont la plus grande partie des maisons étaient transformées en auberges ou en magasins destinés à la vente d'objets de piété. Derrière l'église, édifice dont l'extérieur n'est remarquable que par ses proportions défectueuses, s'étend une place assez vaste, où, à côté de quelques bâtiments de construction récente, affectés à l'usage des pélerins, on voit de chétives masures habitées par des cultivateurs. A toute heure du jour et de la nuit, des pélerins étaient rassemblés dans le lieu saint ou aux alentours ; si matin que M. le curé se levât, la foule l'avait déjà devancé et l'attendait à la porte de l'église.—Beaucoup de personnes passaient la nuit assises sur des bancs, dans une espèce de vestibule étroit donnant entrée dans le chœur de l'église.

Pour éviter l'encombrement, une certaine règle avait été établie. A minuit, une femme, chargée de ce soin, venait ouvrir la porte de l'église ; une fois cette porte ouverte, elle plaçait une barre de fer entre la porte et le mur pour faire passer les unes après les autres les femmes qui se présentaient pour entrer. M. le curé entendait d'ordinaire les hommes dans la sacristie, et ils se tenaient dans le chœur, en attendant que leur tour fût arrivé. Cette précaution était nécessaire ; autrement il y aurait eu des accidents à déplorer. Puis, quand toutes les femmes étaient entrées dans l'église, la personne qui avait mission de garder la porte de la chapelle de M. le curé, les faisait aligner de manière à laisser libre un petit espace pour donner passage à M. le curé. Enfin, lorsque celui-ci était entré dans le confessional, la gardienne de la chapelle maintenait encore l'ordre et faisait passer chaque femme à son tour.

Les personnes malades ou estropiées n'étaient pas assujetties à la règle commune ; on les faisait passer dans la sacristie. Hors cette exception, l'arrivée de chacun déterminait son tour d'admission. D'ordinaire, et à moins qu'il n'y eût une affluence considérable de pèlerins, un homme était assuré de pouvoir parler à M. le curé au bout de quarante-huit heures. Mais il y avait parfois quelques *privilégiés ;* c'étaient ceux que le saint pasteur remarquait dans la foule, et qu'il appelait alors lui-même. Cette faveur avait-elle pour cause, ainsi que le vulgaire le prétendait, une secrète intuition qui faisait discerner à M. le curé les personnes que des motifs sérieux et particuliers amenaient vers lui, ou que des causes majeures auraient empêchées d'attendre? Ce qui semblerait pouvoir faire admettre cette croyance comme vraisemblable, c'est qu'on le vit souvent, en traversant la foule pressée autour de lui, adresser à des personnes qu'il distinguait d'un seul coup-d'œil, de ces mots qui allaient droit au besoin des âmes.

Quiconque n'a pas été témoin de l'enthousiasme excité par le bon prêtre, à sa sortie de l'église ou lorsqu'il y entrait, n'en aura qu'une imparfaite idée. Donnons cependant une esquisse de ce tableau.

Au milieu de la nuit, on voyait briller une lumière

dans la chambre où, après une pénible journée, le saint curé prolongeait encore sa veille dans la prière et la méditation. En été comme en hiver, sa lampe ne s'éteignait jamais avant onze heures, et se rallumait deux ou ou trois heures plus tard. Par moments, les regards de tous ces pèlerins, qui attendaient sa venue à la porte du presbytère, se dirigeaient vers la fenêtre où devait poindre la clarté si impatiemment attendue. Et lorsqu'elle se montrait enfin, son apparition produisait dans cette foule les mêmes transports que fait naître parmi les passagers et les matelots d'un navire la lueur du phare qui va leur servir de guide au milieu de l'obscurité !

Puis, dès qu'un léger bruit de pas annonçait l'approche du saint homme, le silence régnait dans la multitude. Chacun se recueillait pour se rappeler ce qu'il avait à lui dire, à lui demander; chacun s'ingéniait à trouver un moyen de l'approcher plus promptement. Les portes du sanctuaire s'ouvraient; le bon prêtre, agenouillé au pied de l'autel, implorait Dieu pour ses paroissiens, pour ces pèlerins venus de contrées lointaines, pour tous les fidèles, pour tous les pécheurs ! Oh ! que sa prière était fervente ! Sur les ailes de la foi et de la charité, elle montait comme un encens pur vers le trône de l'Eternel qui la recevait et l'exauçait ! Aussi, dans cette église, que de cœurs reconnaissants des grâces et des consolations qui leur avaient été accordées ! Que de pécheurs, que d'affligés sauvés, réconfortés, affermis, parce que le bon prêtre leur avait tendu la main pour les arracher à l'abîme ou au désespoir ! Le voyez-vous accueillant tous ceux qui viennent à lui chercher la paix de l'âme : il les écoute, et, par sa parole sympathique et persuasive, fait pénétrer dans leurs âmes, avec la foi qui fortifie, le calme et la résignation !

Une mort imprévue avait privé une famille d'un fils unique moissonné à la fleur de l'âge. La mère infortunée, repoussant toute consolation, était tombée dans une sorte de délire causé par le désespoir. Une pensée lui vient tout-à-coup : aller à Ars demander au bon curé des prières pour elle et pour son fils. Elle arrive, parle au saint homme de la perte qu'elle a faite et de l'immensité de sa douleur. Il la regarde en face avec des yeux pleins de larmes et la voix émue et tremblante : « Oh ! par grâce, Madame, lui dit-il, restez un moment ; » prions et pleurons ensemble ! » Et lorsqu'il eut prié, la mère répandit les premières larmes qu'elle eut versé depuis le jour fatal qui l'avait privé de son fils ; elle se sentit soulagée et consolée. Ce que la raison, l'amitié et les exhortations de ses proches n'avaient pu faire, les pleurs et les prières du saint vieillard le firent en quelques instants.

Bon nombre de personnes allaient à Ars pour obtenir, par l'intercession de M. le curé, la guérison de maladies ou d'infirmités invétérées et qui avaient épuisé toutes les ressources de l'art. Des malades abandonnés par les médecins, des paralytiques longtemps privés de leurs membres ont été guéris de leurs maux. Des cures miraculeuses ont été accomplies à Ars en présence d'une foule de personnes. Les exemples à citer ne manqueraient pas, mais le cadre restreint de cette esquisse ne nous permet pas de donner des détails sur ces faits, non plus que sur d'autres non moins surprenants.

VIII.

Bien des portraits ou effigies plus ou moins fidèles retracent l'image de M. le curé d'Ars. D'une taille moyenne, d'une excessive pâleur, il paraissait complètement exténué par le jeûne et les mortifications. Il avait les joues caves, les pommettes saillantes, et toute sa figure portait ce cachet d'austérité qui est plus éloquent que les discours ; mais dans ses yeux bleus, vifs et brillants, il y avait je ne sais quoi de doux et de profond qui imprimait une expression indéfinissable à sa physionomie et saisissait de prime abord. En le voyant, on s'étonnait qu'une créature si frêle, si chétive, pût résister à tant de veilles et de fatigues! Sa voix creuse et un peu cassée se prêtait avec souplesse aux sentiments qu'il voulait exprimer. Eclatante et forte lorsqu'il s'élevait contre le débordement du siècle, elle empruntait des accents pleins de douceur lorsqu'il parlait de l'amour de Dieu et de la pratique des vertus; elle devenait plaintive et entrecoupée lorsqu'il entretenait son auditoire de la passion de Notre-Seigneur et des douleurs de la Vierge-Marie! Toujours elle était sympathique et faisait naître dans les cœurs une profonde émotion.

Le 25 février 1859, M. Vianey se rendant de l'église paroissiale à la chapelle de la Providence, pour offrir le saint sacrifice de la messe, fit une chute et reçut à la tête une assez forte contusion. Bien qu'il eût repris peu après ses exercices journaliers, on remarqua cependant qu'il marchait avec beaucoup de peine; la toux aiguë dont il était atteint depuis plus de vingt ans, était devenue plus continuelle et plus déchirante.—Rien cependant ne faisait pressentir sa mort, tant on était habitué à croire au miracle de sa conservation, et tant il prenait soin lui-même de dissimuler à tout ce qui l'entourait les défaillances de la nature.

Les chaleurs excessives du mois de juillet achevèrent d'accabler M. le curé d'Ars; plusieurs fois, en se levant au milieu de la nuit pour retourner auprès de ses chers pénitents, il éprouva des défaillances, au point de tomber de faiblesse dans sa chambre ou dans son escalier. Plusieurs fois aussi on le vit se tordre de douleur dans son confessionnal. Les personnes qui attendaient pour se confesser étaient obligées de sortir fréquemment de l'église, où l'atmosphère était suffocante, pour chercher au dehors un air respirable. Et cependant le saint homme ne songea pas à quitter un instant son poste, ni même à abréger ses séances de dix-sept à dix-huit heures au confessionnal. Dans cette lutte suprême contre la souffrance et les infirmités de l'âge, il épuisa le peu qui lui restait de forces et de vie ; on peut dire qu'il est mort sur la brèche !

« *Je me reposerai dans le paradis.* » répondait-il lorsqu'on le sollicitait de prendre quelque repos.

Enfin, le vendredi 29 juillet, il dit la messe, fit le catéchisme, confessa comme à l'ordinaire, et termina par la prière du soir cette laborieuse journée. Seulement, lorsqu'il rentra chez lui, plus exténué que d'habitude, il se laissa tomber sur une chaise en disant : « *Je n'en peux plus !* »

A une heure du matin, il essaya de se lever pour se rendre à l'église, mais sa faiblesse était telle que toute son énergie ne put la surmonter. Il appelle, on vient.

— Vous êtes fatigué, Monsieur le curé ?
— Oui, je crois que c'est *ma pauvre fin* (1).
— Je vais chercher du secours ?
— Non, ne dérangez personne, ce n'est pas la peine.

Quand le jour fut venu, il ne parla point de célébrer la sainte messe et consentit à recevoir les soins que jusqu'alors il avait refusés.

— Vous souffrez bien ? lui disait-on.

Il ne répondait que par un signe de tête résigné.

— Espérons, Monsieur le curé, lui disait-on encore.

---

(1) M. le curé d'Ars, grâce à ses lumières surnaturelles, a prévu et annoncé sa mort.

On lui avait fait présent d'un ruban magnifique pour soutenir l'ostensoir à la procession du Saint-Sacrement. « Je ne m'en servirai qu'une fois, » avait-il dit... Et quelques jours avant de se mettre au lit, il dit, en signant son mandat de desservant : « Ce sera pour me faire enterrer. »

que sainte Philomène qui vous a guéri il y a seize ans, et que nous allons prier avec ferveur, nous exaucera ; oui, nous espérons qu'elle intercédera Dieu avec nous et que vous vous rétablirez encore cette fois.

— Oh! cette fois, répondit-il, sainte Philomène n'y pourra rien (1).

Nous renonçons à peindre la consternation profonde que produisit l'absence de M. le curé, lorsqu'à l'heure ordinaire on ne le vit pas sortir du confessionnal. On fut obligé, dès le premier jour où il s'alita, de placer des gardes à la porte du presbytère pour retenir la foule qui voulait à toute force pénétrer dans la maison.

Pendant les quatre jours que dura la maladie, un ami dévoué, monté sur le toit du presbytère, arrosa continuellement le couvert et les murs, afin d'entretenir autour du malade une salutaire fraîcheur.

Rien ne fut négligé pour obtenir du Ciel la conservation de cette précieuse existence. On fit des vœux à tous les saints, des pèlerinages à divers sanctuaires en renom ; on demanda des prières à toutes les communautés religieuses, mais tout fut inutile ; la volonté de Dieu de

---

(1) En 1843, une maladie dangereuse faillit enlever le bon curé à ses paroissiens et aux fidèles qu'il édifiait. Lorsqu'on lui administra les sacrements, tout le village d'Ars était dans la désolation. Mais au moment où l'on n'espérait plus le sauver, il s'opéra une réaction aussi prompte que surprenante. Son état s'améliora si subitement que le surlendemain il était à l'église et célébrait la sainte messe. Un tableau a été placé dans l'église d'Ars et dans la chapelle de sainte Philomène, en commémoration et en action de grâces de cette miraculeuse guérison. On y voit M. le curé d'Ars dans son lit, le prêtre qui lui donne la sainte communion, et au-dessus du lit sainte Philomène, environnée d'une auréole de lumière dont les rayons se reflètent sur le bon curé.

rappeler à lui son grand serviteur se manifestait hautement. Dans la soirée du mardi 2 août, il demanda à recevoir le saint viatique. Des prêtres en assez grand nombre, et dont plusieurs venaient de très-loin, étaient présents à cette pieuse cérémonie.

Cependant toute la paroisse était en émoi ; les habitants d'Ars, qui admiraient et vénéraient leur saint pasteur, ne pouvaient se persuader qu'ils allaient perdre le *bon Saint* qui semblait communiquer à tout ce qui l'entourait les émanations de ses vertus !...

Oh ! ce fut un moment solennel, un spectacle touchant et sublime que la bénédiction générale donnée pour la dernière fois par le *Saint* à cette multitude qui avait envahi le presbytère et pénétré par les portes, par les fenêtres et même par les toits jusque dans la chambre du malade. Le bon prêtre s'était constamment opposé à ce que l'on éloignât cette foule ; vainement on lui avait représenté les inconvénients de cet empressement importun. Il voulait mourir comme un père au milieu de ses enfants, et trouva encore assez de force pour se lever de son lit de douleur, afin d'adresser dans une bénédiction un dernier adieu à ses chers pécheurs, à ses bien-aimés paroissiens !

Mgr de Langalerie, évêque de Belley, présidait la distribution des prix du petit-séminaire de Meximieux, lorsqu'il fut informé par un message que l'état de M. le curé d'Ars s'aggravait, et que la mort était imminente. Sa Grandeur partit en toute hâte et arriva à temps pour recevoir les dernières paroles et les dernières larmes du saint homme ! Après une lutte qui dura quatre jours entre les prières demandant la vie et les vertus méritant d'entrer dans la gloire, Jean-Marie-Baptiste Vianey s'endormit dans le Seigneur !... La nuit même qui suivit sa touchante entrevue avec le prélat, pendant que le prêtre qui récitait les prières de la recommandation de l'âme, prononçait ces mots : « *Venient illi obviam sancti An-*

« *geli Dei, et perducant eum in civitatem cœlestem Je-
» rusalem!* (Que les saints Anges de Dieu viennent au
» devant de lui pour l'introduire dans la cité vivante, dans
» la céleste Jérusalem!), » le bon curé rendait son âme à
Dieu sans secousse, sans agonie. Il exhalait son dernier
soupir entre les bras de M. le comte des Garets, maire
d'Ars, son ami de trente ans, qui, depuis le premier jour
de sa maladie, s'était assis à son chevet pour ne plus le
quitter ; de M. l'abbé Tocanier, le fidèle compagnon de
ses travaux apostoliques et des autres missionnaires du
diocèse, ses amis et ses admirateurs; enfin, en présence
de ces bons frères de la Sainte-Famille qui, depuis douze
ans, l'avaient servi avec un zèle si actif et un si affec-
tueux dévoûment!...

Ce fut dans la nuit du mercredi 3 au jeudi 4 août, à
deux heures du matin, que cette âme angélique quitta
sa dépouille mortelle pour aller recevoir dans le sein de
Dieu la récompense de ses vertus!...

Que de regrets, que de douleur fit naître cette mort
à laquelle on était si loin de s'attendre! Il semblait que
le pasteur ne devait jamais quitter le troupeau.

IX.

Le corps de M. le curé d'Ars, revêtu de ses habits
sacerdotaux, fut placé dans une salle basse, située au
dessous de sa chambre, et que l'on décora à la hâte de
modestes tentures blanches, semées de couronnes et de
fleurs. Là, pendant deux jours et deux nuits, accourut
sans trêve ni relâche une foule toujours grossissante et
sans cesse renouvelée. Durant ces deux jours, tous les
chemins conduisant à Ars étaient sillonnés de voitures
et couverts d'innombrables piétons. Le nombre des fidèles, venus chaque jour, a été approximativement éva-
lué à 5 ou 6,000 au moins.

De deux en deux heures, retentissait le glas funèbre,

et ses sons lugubres provoquaient de nouvelles explosions de cris de douleur dans la chambre où le corps se trouvait exposé.

Deux frères de la Sainte-Famille veillaient à éviter les accidents que l'empressement de la foule aurait pu occasionner ; ils avaient soin de faire entrer par une porte et sortir par une autre cette interminable procession. Chacun voulait faire toucher au saint prêtre quelque objet destiné à être religieusement conservé ; il est impossible de s'imaginer la quantité de croix, de chapelets, de livres, d'images, que la piété des fidèles a appliqués à ces restes vénérés !...

Quoique la chaleur fût excessive, le corps a pu être laissé à découvert jusqu'à la nuit qui précéda les funérailles ; on n'y remarquait pas la moindre trace de décomposition. Le *saint curé* paraissait plongé dans un tranquille sommeil. Ses traits avaient conservé leur expression habituelle de douce quiétude et d'ineffable bonté.

Les funérailles avaient été fixées au samedi 6 août ; 5 à 600 pèlerins, arrivés de la veille, avaient passé la nuit comme au bivouac autour de l'église, sur la place et dans les rues adjacentes. Dès l'aube et pendant la matinée, omnibus, voitures particulières, chars-à-bancs encombraient les routes qui aboutissent à Ars ; beaucoup de personnes n'ayant pu trouver de moyens de transport, avaient dû faire le trajet à pied. Au moment de la cérémonie, la place, les avenues de l'église, les rues du village et les abords des chemins étaient envahis par plus de 6,000 personnes. Plus de 300 prêtres étaient venus des diocèses de Belley, de Lyon, de Grenoble, d'Autun, etc., etc. Les couvents de la contrée s'y trouvaient tous représentés par quelques-uns de leurs membres. On y voyait le prieur des dominicains de Lyon, accompagné du père Lecomte, le père Hermann et quantité d'autres hommes célèbres par leur savoir et leur piété.

A l'heure dite, Mgr l'évêque de Belley étant arrivé, le cortége s'organisa. Les coins du poêle étaient tenus par M. le curé de Trévoux, M. l'abbé de Séresin, chanoine de Belley, M. le comte des Garets, maire d'Ars, et M. le sous-préfet de l'arrondissement de Trévoux.

Le deuil était conduit par MM. les missionnaires de Pont-d'Ain, qui représentaient la famille spirituelle du saint prêtre, après ses parents de Dardilly.

Deux dominicains ouvraient la marche; après eux venaient les ecclésiastiques, qui n'avaient pas pu revêtir l'habit de chœur; puis la partie plus nombreuse qui portait le surplis, suivie de Mgr l'évêque de Belley, revêtu de l'étole; venait ensuite le cercueil du saint curé, sur lequel on avait placé son étole, son surplis, son camail de chanoine, la croix de la Légion-d'Honneur, et une immense couronne d'immortelles jaunes, avec cette inscription : *A notre Père*. La brigade de gendarmerie de Trévoux, son lieutenant en tête, avait été appelée pour maintenir le bon ordre.

Sur la place de l'église, le cortége fit halte. Mgr l'évêque de Belley monta sur la plus haute marche de la croix de mission, et prononça d'une voix émue un discours qui était un hommage solennel rendu à la sainteté de l'humble prêtre, mais que l'analyse ne saurait rendre, parce que l'on ne peut analyser l'inspiration, l'enthousiasme, la sensibilité, et tous les grands mouvements de l'âme.

Après le discours de Monseigneur, le cortège est entré dans l'Eglise, où le clergé, les autorités et la famille du défunt purent seuls trouver place. Une grand'messe solennelle fut chantée par M. l'abbé Guillemin, vicaire-général de Belley, ancien secrétaire de Mgr Devie, et vieil ami de M. le curé d'Ars.

Pendant la célébration de la sainte messe, un silence religieux et un recueillement profond régnèrent constamment au sein de la foule rassemblée autour de l'église.

Après l'absoute faite par Mgr l'évêque de Belley, le corps qui était dans un cercueil en chêne plombé, avec un vitrage au-dessus, fut mis dans un second cercueil en chêne, complètement fermé, que l'on plaça dans la chapelle de saint Jean-Baptiste, patron de M. Vianey, en attendant qu'un caveau fût ouvert.

La cérémonie funèbre du 6 août 1859 sera une belle page de l'histoire du clergé de France ; il n'est pas accordé à tous les siècles de contempler un pareil spectacle. En voyant ce concours de peuple témoignant sa vénération par son attitude silencieuse, recueillie, et sa douleur par des larmes, on pouvait se dire : Quel prince de la terre eut jamais de pareilles funérailles ? Il n'y a que la sainteté seule qui puisse donner lieu à un tel enthousiasme et à de semblables manifestations !

X.

Si la mort du saint homme dont le renom était si populaire, a produit une sensation immense, c'est parce que les inspirations de son cœur plein de dévoûment et de charité lui ont fait accomplir les desseins secrets de la Providence, et c'est aussi, il faut le dire, parce qu'un semblable phénomène n'apparaît qu'une seule fois !

Si la douleur universelle fit verser tant de larmes, c'est que le bon curé d'Ars a consolé durant sa vie un nombre incalculable d'âmes souffrantes et affligées ; c'est qu'il a été à la fois le plus zélé serviteur de Dieu et le plus grand bienfaiteur de l'humanité.

Dans son discours prononcé sur la tombe de M. Vianey, Mgr l'évêque de Belley, après avoir rendu un éclatant hommage à cette vie que la voix du peuple qui est si souvent la voix de Dieu avait qualifiée de sainte, a fait pressentir que, selon toute probabilité, le sépulcre de l'humble prêtre serait glorieux, faisant ainsi allusion à la béatification et à la canonisation de M. le curé d'Ars. Cette espérance ne peut manquer de se réaliser.

Le *bon saint* n'est plus là, et cependant les pèlerinages à Ars continuent. Le cercueil du vertueux curé est maintenant le point où aboutit ce mouvement, où se dirigent ces flots de population !

Les couronnes, les fleurs, les *ex-voto* couvrent sa tombe vénérée. Des cierges brûlent jour et nuit dans la chapelle de saint Jean-Baptiste et près de ce confessionnal où le saint curé consomma son glorieux martyre.

La renommée parle de plusieurs guérisons miraculeuses et de conversions éclatantes opérées près des restes mortels de M. le curé d'Ars et grâce à son intercession. Sans reconnaître comme authentiques ces faits qui n'ont d'ailleurs rien d'invraisemblable, laissons à Dieu le soin de glorifier le tombeau de son serviteur. En attendant, aimons le *saint;* méditons pieusement ses leçons et ses exemples ; conservons sa mémoire bénie ; soyons les héritiers de ses vertus, autant que nous le permettra notre faiblesse ; conjurons-le d'être notre avocat auprès de Dieu, et prions-le, lui qui a été notre ami sur la terre, d'être notre ami dans le ciel.

www.ingramcontent.com/pod-product-compliance
Lightning Source LLC
Chambersburg PA
CBHW061004050426
42453CB00009B/1248